PER AMORI
BIRRA: ABBINARE
BIRRA E CIBO

50 PERFETTAMENTE
EQUILIBRATO
RICETTE

LEONARDO FRANCESCO

TABLE OF CONTENTS

INTRODUZIONE

Le birre con il loro gusto dolce, tostato, maltato o nocciolato possono aggiungere profondità ai piatti, dalla colazione agli snack, ai dessert e ai piatti principali. . E non preoccuparti di ubriacarti: praticamente tutto l'alcol evapora durante il processo di cottura. Questi piatti faranno sì che i tuoi ospiti si chiedano quale sia l'ingrediente segreto (e torneranno per saperne di più!).

Birre diverse si abbinano bene a cibi diversi, quindi è importante imparare le differenze di gusto prima di entrare in cucina. La birra può essere suddivisa in due gruppi principali: ale e lager. Ale, la birra originale, viene prodotta in un modo che si traduce in sapori fruttati e terrosi. Le lager utilizzano sistemi di produzione della birra più moderni per essere più leggere e più asciutte. Ogni tipo di birra ha un sapore decisamente diverso che si abbina bene a determinati cibi. Di seguito troverai una ripartizione di diversi tipi comuni e alcune ricette che utilizzano ciascuno di essi.

Birre Di Grano

Le birre di frumento sono chiare, spesso non filtrate (quindi torbide) e hanno sapori fruttati, morbidi, dai bordi croccanti, ben abbinati a insalate e pesce.

Pale Ale e Bitter

La sua croccantezza taglia magnificamente carni ricche e grasse come la selvaggina. La Pale Ale è più forte, con una carbonatazione più corroborante, e si sposa bene con tutto, dal pane e formaggio al fish and chips.

facchino

È meno tostato della stout e meno amaro della pale ale, e raccoglie particolarmente bene i sapori negli stufati.

corpulento

Stout esalta i sapori di tutto, dai crostacei agli stufati. Per le sue spiccate note di caffè e cioccolato, è perfetto anche per essere miscelato in ricchi dessert.

PIATTI INFUSO

1. Spezzatino di manzo con ortaggi a radice

Resa: 6 Porzioni

Ingrediente

- 2 libbre di carne di manzo in umido

- 1 cucchiaio di timo secco

- 1 cucchiaio di rosmarino secco

- $\frac{1}{4}$ tazza di olio vegetale

- 2 cucchiai di burro

- 1 tazza di cipolle; pelati e tagliati a dadini

- tazza di farina

- 12 once di birra scura

- 1 quarto Brodo di manzo caldo

- $\frac{1}{2}$ tazza di pomodori schiacciati

- 2 cucchiaini di sale e 2 cucchiaini di pepe

- 1 tazza di carote e sedano pelati e tagliati a dadini

- 1 tazza di rutabaga sbucciata e tagliata a dadini

- 1 tazza di pastinaca pelata e tagliata a dadini

In una casseruola capiente, portate a bollore e abbassate il fuoco a fuoco lento. Cuocere per $\frac{3}{4}$ ora.

2. Birra ambrata dell'Alaska fagioli rossi

Resa: 6 Porzioni

Ingrediente

- 1 libbra Fagioli rossi; cucinato

- ½ libbre di prosciutto; a dadini

- ½ libbre Salsicce hot link; a dadini

- 3 medie Jalapeño peperoncino del Cile Chile

- 1 cipolla media; a dadini

- 1 cucchiaio di condimento creolo

- 2 Bottiglie di birra ambrata dell'Alaska

- ½ tazza di sedano; a dadini

- ½ tazza di peperone rosso; a dadini

In un crockpot o in una padella pesante da 3 litri, metti tutti gli ingredienti tranne i fagioli a ebollizione e fai sobbollire per un'ora o due. Aggiungere i fagioli e cuocere a fuoco lento per un'altra o due ore.

Non utilizzare un condimento creolo a base di sale. La salsiccia e il prosciutto forniscono sale, e altro può essere aggiunto a tavola.

Se lo desideri, aggiungi altri peperoni. Servire con riso. Scolare i fagioli e riempire con acqua fino a coprire e cuocere a fuoco lento finché sono teneri.

3. Petto brasato alla birra e peperoncino

Resa: 1 Porzione

Ingrediente

- 2 spicchi d'aglio; tritato

- 2 cucchiaini di cumino macinato

- $\frac{1}{4}$ cucchiaino di cannella

- $\frac{1}{4}$ tazza più 1 cucchiaio. zucchero di canna

- 5 libbre di petto

- 2 cipolle grandi; tagliato a spicchi

- 1 tazza di birra scura; o robusto

- 3 cucchiai di concentrato di pomodoro

- 1 cucchiaio di peperoncino chipotle in scatola

- 10 patate rosse piccole; tagliare a metà

- $\frac{1}{2}$ libbre Carotine

Mescolare bene i primi 3 ingredienti. Strofinare il petto con la miscela di spezie per coprirlo e metterlo su un foglio.

Metti gli spicchi di cipolla sulla carne. Unire i prossimi 3 ingredienti e lo zucchero di canna rimasto in una ciotola. Versare sulla carne.

Irrorare la carne con il sugo della padella e cuocere un'altra ora.

Aggiungere le patate e le carote nella padella. Cuocere per circa 1-$\frac{1}{2}$ ore, scoperto.

4. Birra e salatini pollo-Perdue

Resa: 4 porzioni

Ingrediente

- 1 pollo Perdue, tagliato cut

- ⅓ tazza di farina

- 1 cucchiaino di paprika

- 2 cucchiaini di sale

- cucchiaino di zenzero

- ¼ cucchiaino di Pepe

- ½ tazza di birra

- 1 uovo

- $\frac{1}{2}$ tazza di salatini finemente tritati

- $\frac{1}{4}$ tazza di parmigiano grattugiato

- $\frac{1}{4}$ tazza di pezzi di pancetta schiacciata

- 1 cucchiaio di fiocchi di prezzemolo essiccato

Mescolare la farina, la paprika, il sale, lo zenzero e il pepe in una ciotola. Aggiungere la birra e l'uovo.

Mescolare i salatini tritati, il parmigiano, i pezzetti di pancetta e il prezzemolo in un sacchetto di plastica. Immergere i pezzi di pollo e agitare per ricoprirli.

Cuocere, coperto, a 350 F per 30 minuti

5. Pollo alla birra

Resa: 4 porzioni

Ingrediente

- 1 tazza di farina non setacciata

- 1 cucchiaio di paprika

- $\frac{1}{2}$ cucchiaino di sale

- 1 qt. olio di mais

- 1 tazza di birra

- 3 libbre di pollo, tagliato in parti

In una ciotola capiente, mescolare insieme i primi 3 ingredienti. Versare l'olio di mais in 3 qt pesanti. casseruola o friggitrice, riempiendo non più di⅓ pieno.

Scaldare a fuoco medio fino a 375 gradi

Quando è pronto per friggere, mescolare gradualmente la birra nella miscela di farina fino a che liscio. Immergere il pollo, 1 pezzo alla volta, nella pastella; scrollarsi di dosso l'eccesso.

Friggere pochi pezzi alla volta; girando di tanto in tanto, da 6 a 8 minuti o finché il pollo non diventa dorato e tenero. Scolare su carta assorbente. Tenere in caldo mentre si friggono i pezzi rimanenti.

6. Frittura di pesce in pastella alla birra

Resa: 1 porzione

Ingrediente

- 1 tazza di Bisquick

- 1 cucchiaino di sale

- 4 6 once di birra

- ⅓ tazza di farina di mais

- ¼ cucchiaino di Pepe

- 2 libbre Filetti di pesce

Unire gli ingredienti secchi e aggiungere la birra per ottenere una consistenza appiccicosa per l'immersione. Salare il pesce e passarlo nella pastella. Friggere a 375 gradi fino a quando il pesce non sarà dorato.

7. Frittura di passera in pastella alla birra

Resa: 1 porzione

Ingrediente

- 1 tazza di Bisquick

- 1 cucchiaino di sale

- 4 6 once di birra

- $\frac{1}{3}$ tazza di farina di mais

- $\frac{1}{4}$ cucchiaino di Pepe

- 2 libbre Filetti di pesce

Unire gli ingredienti secchi e aggiungere la birra per ottenere una consistenza appiccicosa per l'immersione. Salare il pesce e passarlo nella pastella. Friggere a 375 gradi fino a quando il pesce non sarà dorato.

8. Pastella alla birra per pollo fritto

Resa: 1 Porzione

Ingrediente

- ⅔ tazza di farina

- ½ cucchiaino di sale

- ⅛ cucchiaino di Pepe

- 1 Tuorlo d'uovo; battuto

- tazza di birra piatta

Unire gli ingredienti secchi e mettere da parte.
Sbattere il tuorlo d'uovo e aggiungere lentamente
la birra.

Aggiungere gradualmente questo alla miscela secca. Inumidisci il pollo. Passare nella farina condita e poi nella pastella. Passare nuovamente nella farina condita. Friggere

9. Pastella alla birra per gamberi e verdure

Resa: 1 Porzione

Ingrediente

- 2 tazze di farina

- 2 bicchieri di birra

- Olio; per friggere

- Farina aromatizzata; per il dragaggio

- Gamberetto; pelati, svenati

- Strisce di zucchine

- Cimette di broccoli

In una ciotola con la farina, unire la birra, poca alla volta. Aggiungi altra birra se necessario. Versare l'impasto attraverso un colino e lasciare riposare per un'ora. Verificare la consistenza desiderata e aggiungere altra birra se necessario.

In una pentola profonda, scaldare l'olio a 360 gradi. Passare l'oggetto da friggere nella farina condita e poi immergerlo nella pastella di birra. Friggere fino a doratura. Trasferire su un piatto rivestito di carta assorbente. Servire subito.

10. Sogliola fritta in pastella di birra

Resa: 1 porzione

Ingrediente

- 2 libbre Filetto di sogliola

- tazza di farina

- 1 cucchiaino di lievito in polvere

- $\frac{1}{2}$ cucchiaino di Cipolla in polvere

- $\frac{1}{8}$ cucchiaino di pepe bianco

- $\frac{1}{2}$ tazza di birra

- 2 Uova, salsa tartara di olio vegetale sbattuto

La pastella per questo piatto di pesce fritto è leggera e croccante con un delicato sapore di birra. Altri filetti di pesce possono essere sostituiti dalla sogliola.

Asciugare il pesce con carta assorbente. Tagliare ogni pezzo a metà nel senso della lunghezza.

Unire gli ingredienti secchi. Mescolare la birra con le uova e 2 cucchiai di olio e aggiungere agli ingredienti secchi. Mescolare solo finché non si inumidisce. Scaldare $\frac{1}{4}$ di pollice di olio in una padella

Immergete ogni pezzo di pesce nella pastella, ricoprendolo bene. Friggere fino a doratura su entrambi i lati. Servire con salsa tartara. Fare 6-8 porzioni.

11. Verdure fritte in pastella di birra

Resa: 4 porzioni

Ingrediente

- Olio

- 1 Busta di zuppa di cipolle dorate mix

- 1 tazza di farina per tutti gli usi non sbiancata

- 1 cucchiaino di lievito in polvere

- 2 uova grandi

- $\frac{1}{2}$ tazza di birra, qualsiasi birra normale

- 1 cucchiaio di senape pronta

Nella friggitrice, scaldare l'olio a 375 gradi F. Nel frattempo, in una ciotola grande, sbattere il mix di zuppa di cipolla dorata, farina, lievito, uova, senape e birra fino a ottenere un composto liscio e ben amalgamato. Lascia riposare la pastella 10 minuti. Immergere le verdure e le cose consigliate nella pastella, quindi immergerle con cura nell'olio caldo.

Friggere, girando una volta, fino a doratura; scolare su carta assorbente. Servire caldo.

12. Pollo con birra messicana

Resa: 1 Porzione

Ingrediente

- 1½ libbre Pezzi di pollo

- 2 Peperoni verdi tagliati a fettine sottili

- 1 medio Cipolla tagliata a fettine sottili

- 1 Spicchio d'aglio tritato

- 1 grande pomodoro a pezzi

- 2 cucchiai   Olio

- 1 Lattina di birra

- Sale pepe

Scaldare l'olio in una casseruola. Cospargere di sale e pepe il pollo, metterlo nell'olio e friggere ogni pezzo di pollo su ogni lato fino a quando non sarà leggermente dorato, togliere il pollo e mettere da parte. Nello stesso olio soffriggere le cipolle, i peperoni verdi, i pomodori e l'aglio per circa 2-5 minuti. Aggiungete il pollo e la birra, portate a bollore, abbassate la fiamma e lasciate cuocere finché il pollo non sarà cotto e la birra sarà quasi assorbita. Non lasciarlo asciugare. Servire con un contorno di riso.

13. Halibut in pastella di birra

Resa: 1 porzione

Ingrediente

- un paio di chili di halibut

- abbastanza olio da cucina per consentire la frittura profonda

- 1 tazza di farina

- una bottiglia di birra da 12 once

- 1 cucchiaio di paprika

- 1 1/2 cucchiaino di sale

Per questa pastella, le birre di buona qualità e di colore chiaro funzionano meglio. Il sapore delle birre scure è troppo forte.

Tagliare l'halibut a pezzi spessi 1 pollice. Scaldare l'olio in una friggitrice a 375 gradi F. Preparare la pastella unendo gli ingredienti rimanenti. Immergere l'halibut nella pastella e far cadere i pezzi nell'olio caldo, pochi alla volta. Cuocere i pezzi di pesce fino a quando la pastella è dorata ~ solo pochi minuti. L'halibut si scuoce facilmente, quindi cerca di non esagerare. Togliere i pezzi di pesce dall'olio e scolarli su carta assorbente; servire ben caldo con i vostri accompagnamenti preferiti.

14. Fish and chips in pastella di birra

Resa: 1 Porzione

Ingrediente

- 1½ libbre Filetti di merluzzo

- ⅓ tazza di succo di limone fresco

- ½ Cipolla bianca grande tritata

- Sale qb

- Pepe a piacere

- 6 medie patate

- Olio vegetale

Pastella alla birra

- $\frac{1}{2}$ tazza di farina

- 1 cucchiaino di paprika

- peperoncino di Cayenna

- Aceto di malto (facoltativo)

Tagliare il pesce a pezzi e metterlo in una ciotola
piatta. Cospargere il pesce con succo di limone,
cipolla, sale e pepe a piacere, marinare per 1 ora.
Lavare e sbucciare le patate; tagliare a listarelle e
sciacquare in acqua fredda: scolare bene. Friggere
le patate in olio profondo riscaldato a 375 fino a
quando sono quasi tenere; scolare e stendere su
carta assorbente. Setacciare la farina, 1
cucchiaino. sale, pepe e pepe di Cayenna a piacere
in un piatto piano; spolverare il pesce nella farina.
Immergere il pesce nella pastella di birra e
friggere fino a doratura e croccante.

15. Funghi in pastella alla birra

Resa: 4 Porzioni

Ingrediente

- 24 cad. Funghi

- 1 ogni confezione di mix di pastella

- 1 tazza di birra

Lavare i funghi e tagliare i gambi, ma non rimuovere completamente l'intero gambo.

Scaldare l'olio in una friggitrice profonda, come una "Fry-Daddy" o una padella profonda con abbastanza olio da coprire

Mescolare la pastella secondo le indicazioni sulla confezione, tranne per l'uso della birra come liquido al posto dell'acqua o del latte.

Friggeteli in padella fino a doratura e scolateli su carta assorbente.

16. Sformato di birra con patate smerlate

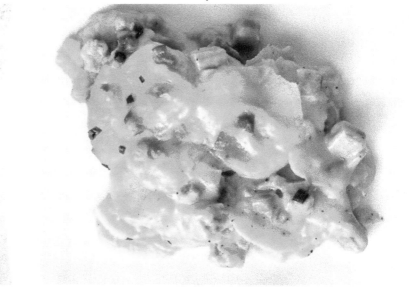

Resa: 8 porzioni

Ingrediente

- 4 grandi patate Russet con la buccia

- 1 tazza di cipolla affettata

- $1\frac{1}{2}$ cucchiaino di sale

- 1 cucchiaino di sale all'aglio

- 2 cucchiaini di paprika

- 2 cucchiai di farina per tutti gli usi

- 2 cucchiaini di zucchero

- 4 cucchiai di Margarina

- 1 libbra di formaggio svizzero, grattugiato

Sbucciare le patate e tagliarle a fette di $\frac{1}{8}$ di pollice. In una pirofila imburrata mettere uno strato di spread di patate distribuite uniformemente nel piatto. Cospargere le patate con $\frac{1}{4}$ di cipolla.

Unire in una piccola ciotola sale, aglio sale, zucchero, paprika e farina. Amalgamare bene. Cospargere uniformemente 2 cucchiaini e mezzo di questa miscela sul primo strato.

Guarnire con 1 cucchiaio di burro tagliato a pezzi. Continua la procedura per altri 3 strati. Versare la birra sulla casseruola e guarnire con formaggio grattugiato. Infornare a 350 forno per 1 ora.

17. Riso selvatico alla birra

Resa: 4 porzioni

Ingrediente

- ½ libbre di riso selvatico

- 1 lattina di birra (12 once)

- 6 fette Bacon

- 1 cipolla piccola, tritata

- 1 lattina di brodo di manzo

- 1 lattina Crema di funghi

Mettere a bagno il riso selvatico nella birra durante la notte. In padella, soffriggere la pancetta. Rimuovere la pancetta; crollare. Soffriggere la cipolla in 1 o 2 cucchiai di grasso di pancetta

Unire il riso scolato, il brodo di manzo, la zuppa di funghi, la pancetta sbriciolata e la cipolla saltata. Versare in una casseruola imburrata da 2 quarti. Copertina. Infornare a 350 gradi per un'ora. Scoprire. Infornare per 30 minuti.

18. Granchi dal guscio morbido in pastella di birra

Resa: 6 porzioni

Ingrediente

- 12 Granchi, morbidi

- 12 once Birra; caldo

- 1¼ tazza di farina

- 2 cucchiaini di sale

- 1 cucchiaino di paprika

- $\frac{1}{2}$ cucchiaino di lievito in polvere

Versare la birra nel boccale; aggiungere la farina poi il resto degli ingredienti. Mescolare bene. Preparare la pastella almeno 1 ora e mezza prima dell'uso poiché si addenserà in piedi. Spolverare leggermente i granchi nella farina; immergere singolarmente nella pastella.

Friggere a 360 gradi per 2-5 minuti a seconda della grandezza. I granchi devono essere dorati. Scolare e servire.

19. Straccetti di pollo in pastella per cena

Resa: 1 Porzione

Ingrediente

- 1 lattina (12 once) di birra

- 2 Uova

- $1\frac{1}{2}$ tazza di farina

- 4 gocce Colorante alimentare all'uovo

- Salsa di senape al miele

- 1 libbra di petto di pollo

- tazza di senape alla Digione

- tazza di miele

- $\frac{1}{4}$ tazza di maionese

Unire birra, uova e sale in una ciotola. Incorporare la farina, aggiungendo altra farina se necessario. Aggiungi il colore del cibo.

Preparare la salsa di senape al miele.

Quando sei pronto per cucinare, preriscaldare da $1\frac{1}{2}$ a 2 pollici di olio in una pentola profonda o in una friggitrice a 350 gradi. Togliete la pastella dal frigorifero e mescolate bene.

Rivestire le strisce di pollo nella pastella, quindi impostare delicatamente nell'olio con le pinze in modo che le strisce vengano a galla.

20. Pollo in pastella di birra fritto nel wok

Resa: 6 porzioni

Ingrediente

- 3 A 3 1/2 - libbre. pollo

- 2 tazze di farina

- 2 cucchiaini di lievito in polvere

- 1 cucchiaino di dragoncello, fritto

- $\frac{1}{4}$ cucchiaino CIASCUNO; sale e pepe

- 1 Uovo sbattuto

- 1 12 once di birra in lattina

Cuocere il pollo in acqua leggermente salata per 25 minuti.

Testare la corretta temperatura del wok con un cubetto di pane. Dovrebbe dorarsi in 60 secondi. Mescolare la farina, il lievito, il dragoncello, il sale e il pepe. Aggiungere l'uovo sbattuto e la birra. Mescolare fino alla consistenza della crema. Immergere il pollo nella pastella pochi pezzi alla volta. Lascia scolare la pastella in eccesso.

Cuocere il pollo per 5-7 minuti, girandolo una volta, finché non diventa ben dorato. Scolare e tenere in caldo.

21. Braciole di maiale marinate alla birra teriyaki beer

Resa: 6 Porzioni

Ingrediente

- ⅔ tazza di salsa di soia

- tazza Mirin

- O dolce sherry

- ¼ tazza di aceto di sidro

- ⅓ tazza di zucchero

- 2 cucchiai di zenzero fresco ginger

- ⅔ tazza Birra (non scura)

- 6 Costata o lombo di un pollice di spessore

- Braciole di maiale

In una casseruola unire la salsa di soia, il mirin,
l'aceto, lo zucchero, la radice di zenzero e la birra,
far sobbollire il composto fino a ridurlo a circa 1⅓
tazze.

In una teglia bassa abbastanza grande da
contenere le braciole di maiale in uno strato unire
le costolette e la marinata, girando le costolette
per ricoprirle bene e lasciar marinare le costolette.

Grigliare le braciole di maiale su una griglia unta di
circa 4 pollici su carboni ardenti, irrorandole con la
marinata.

22. Costolette di agnello alla birra e salsa di senape

Resa: 4 Porzioni

Ingrediente

- 8 Costolette di agnello di circa 3 once ciascuna

- 2 Spicchi d'aglio, pelati e tagliati a spicchi

- 1 cucchiaino di olio vegetale

- Sale e pepe a piacere

- 1 tazza di brodo di manzo

- 1 Birra in bottiglia (12 once))

- 1 cucchiaio di melassa

- 1½ cucchiaio di senape in grani

- 1 cucchiaino di amido di mais

Strofinare le costolette di agnello con una delle metà dell'aglio, quindi spennellare leggermente le costolette con olio e condire con sale e pepe.

Aggiungere l'agnello in una padella

Nel frattempo, versare nella padella il brodo di manzo e 1 bicchiere di birra; unire la melassa e l'aglio rimasto. Portare ad ebollizione.

In una piccola ciotola, unire l'amido di mais e la birra rimanente. Aggiungere alla salsa nella padella e frullare fino a quando non si addensa leggermente. Combina

23. Calamaro in pastella alla birra

Resa: 4 porzioni

Ingrediente

- 2½ libbre di calamaro

- 1½ tazza di farina di segale

- 1 cucchiaio Olio di arachidi

- Sale e pepe a piacere

- 12 once di birra

- 5 Albumi d'uovo, montati a neve ma non asciutti

- 4 tazze di olio vegetale

- 2 mazzi Prezzemolo riccio

In una ciotola, unire la farina, 1 cucchiaio. olio di arachidi, sale e pepe e frullare per unire. Sbattere la birra un po' alla volta. Montare con cura gli albumi. Scaldare l'olio in una friggitrice a 375 F. immergere i tentacoli degli anelli di calamaro nella pastella e friggere nel grasso profondo per 2 minuti e mezzo. Scolare su carta assorbente. Tenere caldo. Asciugare molto bene il prezzemolo e metterlo nel grasso profondo per 20 secondi. Scolare sugli asciugamani.

Disporre l'anello di calamaro su un piatto grande e guarnire con il prezzemolo.

24. Brasato di manzo alla birra in pentola di coccio

Resa: 6 porzioni

Ingredienti:

- 3 libbre Stufato di manzo magro di carne tagliata a pezzi

- 1 cucchiaino di sale

- ½ cucchiaino di pepe

- 2 cipolle medie, affettate sottilmente

- 1 8 once di funghi in lattina

- 1 Lattina da 12 once di birra

- 1 cucchiaio di aceto

- 2 dadi da brodo di manzo

- 2 cucchiaini di zucchero

- 2 spicchi d'aglio, tritati

- 1 cucchiaino di timo

- 2 foglie di alloro

Metti la carne nella pentola di coccio. Unire tutti gli altri ingredienti e versare sulla carne. Cuocere a fuoco basso per 8-10 ore o in alto per 4-5 ore. Prima di servire addensare i succhi se lo si desidera. Joyce dice che usa della farina o dell'amido di mais per farlo.

25. Gamberi alla birra

Resa: 1 porzione

Ingrediente

- tazza di birra

- 3 cucchiai di olio

- 2 cucchiai di prezzemolo

- 4 cucchiaini di salsa Worcestershire

- 1 Spicchio d'aglio, sale e pepe tritati

- 2 libbre di gamberi grandi, in guscio

Unire birra, olio, prezzemolo, salsa Worcestershire, aglio, sale e pepe. Aggiungere i gamberi, mescolare e coprire. Marinare per 60 minuti.

Scolare, riservare la marinata

Mettere i gamberetti su una griglia ben unta; cuocere per 4 minuti, a 4-5 pollici dalla fiamma. Girare e spazzolare; cuocere per 2-4 minuti in più o fino a quando non diventa rosa brillante.

26. Birra al peperoncino

Resa: 1 Porzione

Ingrediente

- 1 libbra Combinazione di manzo o manzo/maiale

- ¼ tazza di peperoncino in polvere

- 2 cucchiaini di cumino macinato

- 1 cucchiaino di aglio in polvere

- 1 cucchiaino di origano

- 1 cucchiaino di Cayenna o a piacere

- 1 lattina (8 once) di salsa di pomodoro

- 1 lattina di birra

- ½ cipolla; a dadini

Cuocere la cipolla in un po' di olio fino a renderla traslucida a fuoco medio, aggiungere la carne e alzare la fiamma e rosolare per circa due minuti, abbassare la fiamma a media e aggiungere le spezie tutte in una volta e mescolare per far risaltare i sapori delle spezie secche, ora aggiungere salsa di pomodoro e fate cuocere per qualche minuto facendo risaltare i sapori della passata di pomodoro cuocendo per pochi minuti.

A questo punto aggiungete la birra, portate a bollore e lasciate sobbollire per circa 1 ora o più.

27. Salame alla birra

Rendimento: 10 libbre

Ingrediente

- 3 libbre di petto di manzo in scatola, a cubetti

- 7 libbre di prosciutto, a cubetti, grassi inclusi
  fat

- 1½ cucchiaio di pepe nero

- 1 cucchiaio di macis macinato

- 1½ cucchiaio di semi di senape tritati

- 2 cucchiaini di aglio, tritato finemente

- 4 Piedi grossi budelli di manzo

Inizia a fumare a circa 80 gradi e aumenta gradualmente la temperatura a 160. Questo dovrebbe richiedere circa 4 ore. Fuma per altre 2 ore.

Raffreddare immergendo in una pentola di acqua fresca (non fredda) per circa 5 minuti fino a quando non è fresco al tatto. Asciugare bene il salame e conservarlo in frigorifero.

28. Salsiccia polacca in camicia di birra

Resa: 4 Porzioni

Ingrediente

- 12 once di birra

- 1 salsiccia Kielbasa, 1 1/4 libbre.

- 1 Olio vegetale

- 1 Succo di 1 limone

Preriscaldare la griglia. Mettere la birra in una padella abbastanza grande da contenere la salsiccia. Scaldare fino all'ebollizione; ridurre il calore. Bucherellate la salsiccia e fatela bollire nella birra 4 minuti per lato. Scolare.

Se si utilizzano patatine o pezzi precotti o altri aromi, cospargerli sul carbone caldo o sulla roccia di una griglia a gas. Spennellare leggermente la griglia con olio. Spennellare leggermente la salsiccia con l'olio.

Grigliare a fuoco medio per 5 minuti per lato. Servire: rovesciare la salsiccia al centro o tagliarla a spicchi spessi. Cospargere con succo di limone prima di servire.

29. Riso alla birra

Resa: 6 Porzioni

Ingrediente

- ½ tazza di cipolle tritate

- ½ tazza di peperoni verdi; tritato

- ½ tazza di burro; fuso

- 2 Cubetti di Brodo di Pollo Cubo

- 2 tazze di acqua bollente

- 1 tazza di riso; crudo

- tazza di birra

- $\frac{1}{2}$ cucchiaino di sale

- $\frac{1}{4}$ cucchiaino di Pepe

- $\frac{1}{4}$ cucchiaino di timo in polvere

Soffriggere la cipolla e il peperone verde nel burro finché sono teneri

Sciogliere il brodo in acqua bollente; aggiungere al composto di cipolla e peperone verde.

Incorporare la birra e il condimento. Coprire e cuocere a fuoco basso per 30-40 minuti o fino a quando tutto il liquido non sarà assorbito.

30. Insalata di patate alla birra

Resa: 8 porzioni

Ingrediente

- 3 libbre di patate

- 2 tazze di sedano a dadini

- 1 cipolla piccola, tritata

- sale

- 1 tazza di maionese

- 2 cucchiai Senape pronta

- $\frac{1}{4}$ cucchiaino di salsa al peperoncino

- $\frac{1}{2}$ tazza di birra

- 2 cucchiai di prezzemolo tritato

La birra aggiunta al condimento rende questa insalata di patate eccezionale.

Cuocere le patate con la buccia finché sono tenere. Quando è freddo, sbucciare e tagliare a cubetti. Aggiungere il sedano e la cipolla e aggiustare di sale. Frullate la maionese con la senape e la salsa al peperoncino. Incorporare gradualmente la birra. Aggiungere il prezzemolo.

Versare sopra il composto di patate. Mescolare leggermente con la forchetta. Freddo.

31. Petto di manzo su riso selvatico

Resa: 8 porzioni

Ingrediente

- $2\frac{1}{2}$ libbre di petto di manzo fresco

- 1 cucchiaino di sale

- $\frac{1}{4}$ cucchiaino di aglio in polvere

- 1 Bottiglia (12 once) Birra

- 2 Med. Pomodori maturi, a fette

- $\frac{1}{2}$ tazza di cipolla a dadini

- 1 cucchiaino di pepe

- 1 Bottiglia (12 Oz) Salsa Chili

- Riso Selvatico Amandine

- rametti di prezzemolo

Mettere il petto di manzo, con il grasso rivolto verso il basso, in una teglia profonda. Cospargere il petto con cipolla, sale, pepe e aglio in polvere. Versare la salsa chili sul petto. Coprire bene e cuocere in forno lento (325 gradi F.) per 3 ore. Versare la birra sul petto.

Mettere il petto su un grande piatto da portata e circondare con Amandine di riso selvatico. Guarnire con pomodori a fette e prezzemolo. Affettare il petto molto sottile e servire con il liquido di cottura caldo.

32. Anatra arrosto alla birra

Resa: 4 Porzioni

Ingrediente

- 1¾ cucchiaio di sale

- ¼ cucchiaino di pepe di Szechuan in grani

- libbra anatra

- 1 lattina di birra; qualsiasi tipo, 12 once

Unire il sale e i grani di pepe in una piccola padella e tostare a fuoco basso per circa 5 minuti o fino a quando il sale è leggermente dorato e i grani di pepe fumano leggermente. Agitare.

Lascia l'anatra appesa per 6-8 ore o finché la pelle non è asciutta. Foderare una teglia con un foglio di alluminio per riflettere il calore. Mettere il petto d'anatra rivolto verso il basso e versare⅓della birra su di esso lentamente mentre lo strofini sulla pelle. Capovolgere l'anatra e versare e strofinare il resto della birra sul petto, sulle cosce, sulle cosce e sulle ali.

Arrostire 1 ora e mezza a 400 gradi, poi 30 minuti a 425 gradi e infine altri 30 minuti a 450 gradi.

33. Polpette alla birra

Resa: 6 Porzioni

Ingrediente

- 1.00 Uovo; battuto

- 1 lattina di formaggio cheddar condensato

- 1 tazza di pangrattato morbido

- cucchiaino di sale

- 1 libbra di carne macinata o chuck

- 1 cipolla media; affettato sottile

- ½ tazza di birra

- ½ cucchiaino di origano; essiccato, schiacciato

- Pepe in grani

- Tagliatelle cotte o riso

In una piccola ciotola, unire l'uovo e ¼ tazza di zuppa. Incorporare le briciole di pane.

Mettere la cipolla, separata in anelli, in una teglia da 12x7.5x2". Coprire

Unire la zuppa rimanente, la birra, l'origano e il pepe. Versare il composto della zuppa sul composto. Infornare.

34. Gamberi alla birra con pasta capelli d'angelo

Resa: 1 Porzione

Ingrediente

- 1 kg di gamberetti, sbucciati e svenati

- 1   Bottiglia (12 once) di birra chiara

- 1 tazza di cipolla affettata verticalmente

- $1\frac{1}{2}$ cucchiaino di scorza di limone grattugiata

- $\frac{1}{2}$ cucchiaino di sale

- $\frac{1}{4}$ cucchiaino di pepe nero

- 1   Spicchio d'aglio, tritato

- 2 cucchiai Olio extravergine di oliva

- 2 cucchiai di succo di limone

- 4 tazze di pasta per capelli d'angelo cotta a caldo

- Prezzemolo fresco tritato

Portare a ebollizione la birra in un forno olandese, a fuoco alto. Aggiungi i gamberi; coprire e cuocere 2 minuti. Rimuovere i gamberi con una schiumarola; mettere da parte e tenere in caldo. Aggiungere la cipolla e i successivi cinque ingredienti nella padella; portare ad ebollizione.

Cuocere, scoperto, 4 minuti

Togliere dal fuoco; aggiungere gradualmente l'olio e il succo di limone, mescolando continuamente con una frusta a filo. Aggiungere la pasta; lancia bene.

35. Pesce alla birra tedesca

Resa: 1 porzione

Ingrediente

- 1 carpa intera

- 2 cucchiai di burro

- 1 cipolla media, tritata

- 1 Gambi di sedano, tritati

- ½ cucchiaino di sale e 6 grani di pepe

- 3 chiodi di garofano interi

- 4 fette Limone

- 1 foglia di alloro

- 1 bottiglia di birra

- 6 Ginger-snaps, schiacciati

- 1 cucchiaio di zucchero prezzemolo fresco

Sciogliere il burro in una padella. Aggiungere cipolla, sedano, sale, pepe in grani e chiodi di garofano e mescolare. Guarnire con fettine di limone e alloro. Metti il pesce sopra. Aggiungi la birra. Coprire e cuocere 15-20 minuti,

Metti i gingersnaps e lo zucchero in una padella, aggiungi 1-$\frac{1}{2}$ tazza di liquido filtrato.

Guarnire il pesce con il prezzemolo. Passare la salsa da versare sul pesce e le patate lesse come contorno.

36. Gamberi in pastella di birra e zafferano

Resa: 1 porzione

Ingrediente

- 2 libbre di gamberi crudi

- 7 once Farina normale

- 1 pizzico Sale marino/paprika

- 12 Zafferano in fili; (imbevuto di acqua calda)

- 16 once fluide Ale

- Olio d'oliva per friggere

- 1 Spicchi di limone e aioli

Preparare una pastella densa con la birra, il condimento e la farina e lasciare riposare per 30 minuti. Dovrebbe avere la consistenza di una besciamella.

Sgusciare i gamberi lasciando la coda e immergere il pesce nella pastella, scuotendo l'eccesso e friggere per 2 minuti in olio caldo e scolare su carta da cucina.

Servire con spicchi di limone.

37. Zuppa di birra alla cannella

Resa: 4 porzioni

Ingrediente

- 1½ cucchiaio (colmo) di farina

- 50 grammi di burro (3 1/2 cucchiai)

- 1 litro di birra

- 1 pezzetto di cannella

- Zucchero a piacere

- 2 tuorli d'uovo

- $\frac{1}{8}$ litro di latte (1/2 tazza più 1/2 cucchiaio)

- Pane francese bianco tostato

Rosolare la farina nel burro e poi aggiungere la birra. Aggiungere la cannella e lo zucchero e portare a bollore. Sbattere insieme il tuorlo d'uovo e il latte e aggiungere alla birra calda (ma non più bollente). Filtrare e servire con fette di pane abbrustolite.

38. Pescegatto alla birra

Resa: 1 porzione

Ingrediente

- 3 cucchiai Burro o margarina

- 5 ogni spicchio d'aglio, tritato

- 3 ciascuno cipolle verdi, tritate

- 2 filetti di pesce gatto, grandi

- ⅓ tazza di farina

- 4 ciascuno Funghi, grandi, a fette

- 3 once Birra, leggera

- ½ ogni limone

- 1 x salsa Worcestershire

- 1 x Riso, bianco

Rosolare l'aglio e la cipolla tritati finemente nel burro, ben caldo

Infarinare leggermente il pesce gatto, aggiungere alla padella con i funghi. Versare la birra e trattare i filetti con il succo di mezzo limone. Aggiungi un paio di gocce di Worcestershire. Soffriggere a fuoco medio, girando, fino a doratura su entrambi i lati

Servire su piatti caldi con riso. Usa il pan-sugo sul riso.

39. Birra il culo di pollo

Resa: 1 Porzione

Ingrediente

- pollo intero

- stagionatura

- strofinare a secco

Prendi un pollo. Strofina con le spezie preferite tra cui paprika e sale

Prendi una lattina di birra da 16 once. Bevi circa $\frac{1}{2}$ della birra.

Metti il pollo nella lattina. Pollo alla griglia.

Fumare a circa 275 circa, finché le cosce non girano facilmente. Di solito circa 5 o 6 ore

40. Carote alla birra

Resa: 4 porzioni

Ingrediente

- 4 carote ciascuno; grande

- 1 cucchiaio Burro

- 1 tazza di birra scura; qualsiasi marca

- cucchiaino di sale

- 1 cucchiaino di zucchero

Pelare e affettare le carote a fettine lunghe e sottili. Sciogliere il burro in una padella di media grandezza; aggiungere la birra e le carote.

Cuocere lentamente finché sono teneri, mescolando spesso. Mescolare sale e zucchero. Cuocere per altri 2 minuti e servire caldo.

41. Hamburger di birra al forno

Resa: 6 porzioni

Ingrediente

- 2 libbre di carne macinata

- Dash Pepper

- 1 cucchiaino di salsa Tabasco

- 1 Spicchio d'aglio, schiacciato

- ⅓ tazza di salsa chili Chi

- ½ confezione di zuppa secca di cipolle

- ½ tazza di birra

Preriscaldare il forno a 400'F.

Unire carne, pepe, salsa Tabasco, aglio, salsa di peperoncino, zuppa di cipolla secca e ¼ di tazza di birra. Formate 6 polpette.

Cuocere a 400'F fino a doratura, circa 10 minuti. Irrorare con il restante ¼ di tazza di birra.

Continuare la cottura per altri 10-15 minuti, finché non sarà ben cotta.

42. Panini arrosto alla birra

Resa: 3 porzioni

Ingrediente

- 4 libbre di arrosto di manzo disossato

- 1 piccola bottiglia di ketchup

- 1 lattina di birra

- Sale qb

- Pepe a piacere

- Aglio a piacere

Mettere l'arrosto in una pirofila di vetro o smaltata. Cospargere con condimenti. Versare su birra e ketchup. Coprire e mettere in forno a 350 gradi per 1 ora o più, finché sono teneri.

Affettare sottilmente su un panino caldo, versare la salsa sulla carne. Servire caldo.

INFUSO ZUPPE E SPEZZATI

43. Zuppa di crema di birra

Resa: 4 porzioni

Ingrediente

- 12 once Bottiglie di birra (1 scura e 2 chiare)

- 1 cucchiaio di zucchero

- $\frac{1}{2}$ cucchiaino di pepe bianco

- $\frac{1}{4}$ cucchiaino Ogni cannella e sale

- cucchiaino di noce moscata

- 3 Uova, separate

- $\frac{1}{2}$ tazza di panna pesante

Versare la birra in una casseruola, unire lo
zucchero e le spezie e portare a ebollizione.
Sbattere i tuorli nella panna, aggiungere un po' di
birra calda al composto, sbattere bene e versare
nuovamente il composto nel resto della birra,
sbattendo continuamente con una frusta a filo a
fuoco molto basso per evitare che si rapprenda.
Refrigerare fino a freddo.

Al momento di servire montate gli albumi a neve
ben ferma ma non asciutta e incorporateli alla
zuppa.

44. Zuppa di birra cipolla e aglio garlic

Resa: 1 porzione

Ingrediente

- 4 libbre Cipolle; (circa 10), affettato

- 4 spicchi d'aglio grandi; tritato

- 2 cucchiai di olio d'oliva

- Una bottiglia di birra da 12 once (non scura)

- $5\frac{1}{4}$ tazza di brodo di manzo

- 2 cucchiai di zucchero

- 2 cucchiai di burro non salato

- 4 fette Pane di segale di un giorno; croste scartate

- Parmigiano grattugiato fresco

In un pentolino fate rosolare le cipolle e l'aglio nell'olio a fuoco moderato, mescolando di tanto in tanto, finché il composto non sarà dorato.

Incorporare la birra e il brodo; fate sobbollire il composto, coperto, per 45 minuti e aggiungete lo zucchero, il sale e il pepe a piacere. Mentre la zuppa cuoce, in una padella capiente sciogliere il burro a fuoco moderato, aggiungere i cubetti di pane e cuocerli, mescolando, finché non saranno dorati.

Dividere la zuppa in 6 ciotole e condirla con il parmigiano e i crostini.

45. Zuppa alla birra con bacon e cheddar

Resa: 33 porzioni

Ingrediente

- 6 once Olio vegetale Vegetable

- 1½ libbre Cipolle; tritato grossolanamente

- 1¼ libbre di patate; a dadini

- 1 libbra di carote; a dadini

- 1 libbra di sedano; affettato

- 1 lattina di salsa di formaggio bacon e cheddar

- 2 tazze di birra

- 1 litro di brodo di pollo

- 1¼ libbre di verdure miste; congelato

- ½ cucchiaino di paprika

- ½ cucchiaino di pepe bianco

- ¼ cucchiaino di aroma di fumo liquido

- 2 cucchiai Prezzemolo; tritato

Mettere l'olio vegetale in una pentola capiente. Aggiungere cipolle, patate, carote e sedano; saltare 25-30 minuti o fino a quando le verdure sono cotte.

Aggiungi gli ingredienti rimanenti. Combina accuratamente. Cuocere 20 minuti a fuoco basso, mescolando di tanto in tanto. Servire caldo.

46. Zuppa di cipolle alla birra bavarese

Resa: 6 Porzioni

Ingrediente

- 1 foglia di alloro

- $\frac{1}{2}$ cucchiaino di basilico essiccato/timo/origano

- $\frac{1}{2}$ cucchiaino di semi di finocchio

- $\frac{1}{2}$ cucchiaino di noce moscata macinata

- $\frac{1}{4}$ tazza di pepe nero in grani

- 5 Cipolle; affettato 1/4" di spessore

- 1 cucchiaino di aglio; schiacciato

- 3 cucchiai Burro

- 1½ tazza di birra Pilsner

- ½ cucchiaio di condimento Maggi

- 4 cucchiai

Unire l'alloro, il basilico, il timo, l'origano, i semi di finocchio, la noce moscata ei grani di pepe in un pezzo di garza e legarlo con uno spago.

Soffriggere le cipolle e l'aglio nel burro fino a doratura profonda

Trasferire in una casseruola e aggiungere l'acqua e la birra. Portare ad ebollizione. Aggiungere la bustina di spezie, il Condimento Maggi e la base di manzo.

Fate sobbollire lentamente per 30 minuti

47. Stufato di birra belga

Resa: 1 Porzione

Ingrediente

- 3 libbre Chuck roast

- 1 garretto affumicato

- ½ tazza di olio

- 1 cipolla grande; affettato finemente

- 3 cucchiai di farina

- Birra

- 1 tazza di brodo di manzo

- ½ cucchiaino di pepe nero

- 2 cucchiaini di zucchero

- 2 cucchiai di fiocchi di prezzemolo

- 1 pizzico Maggiorana &1 pizzico Timo

- 1 spicchio d'aglio; tritato fine

- 4 Carote; tagliato in pezzi da 1"

- tazza di noci

- 2 cucchiai di aceto di vino rosso

- 2 cucchiai di whisky scozzese

Rosolare manzo e prosciutto sott'olio in padella larga

Setacciare la farina nell'olio fino a ottenere un roux marrone chiaro. Aggiungere gradualmente il manzo

Aggiungi altri ingredienti. Coprire e cuocere per 2 ore e mezza

48. Zuppa di broccoli alla birra

Resa: 10 Porzioni

Ingrediente

- 4 tazze di acqua

- 1 Cipolla, piccola; tritato

- 1 libbra Broccoli, freschi

- 1 oncia Brodo, manzo; granuli

- tazza di margarina

- 1½ tazza di farina

- ¼ cucchiaino di aglio in polvere

- $\frac{1}{4}$ cucchiaino di pepe bianco

- Peperoncino di Cayenna; assaggiare

- 2 libbre di formaggio cheddar; a cubetti

- 4 tazze di latte

- 2 once di birra

Portare a bollore l'acqua e la cipolla in una pentola capiente. Aggiungere il condimento e metà dei broccoli. Portare di nuovo a ebollizione. Aggiungere la base della zuppa e abbassare il fuoco. In una casseruola a parte, fare un roux.

Quando il roux si addensa, unire gradualmente alla zuppa, montando con una frusta a filo per evitare grumi. Scaldare il latte e il formaggio appena al di sotto del punto di ebollizione finché il formaggio non si scioglie, mescolando continuamente.

Unire alla zuppa e aggiungere i broccoli rimasti. Poco prima di servire aggiungete la birra. Mescolare bene.

49. Zuppa di birra di mare

Resa: 6 porzioni

Ingrediente

- 1 tazza di zuppa di pomodoro condensata

- 1 tazza Zuppa di piselli verdi condensata

- 12 once Great Western Beer

- $\frac{1}{4}$ cucchiaino di sale all'aglio

- 1 tazza di gamberetti piccoli

- 1 tazza Metà e metà o panna

Mettere le zuppe condensate in una casseruola; mescolare nella birra. Aggiungere il sale all'aglio.

Scaldare a fuoco lento, mescolando fino a che liscio

Cuocere 3-4 minuti.

Poco prima di servire, aggiungere i gamberi non scolati e metà e metà. Scaldare alla temperatura di servizio; non bollire.

50. Biersuppe (zuppa di birra) & buttermilchsuppe

Resa: 1 ricetta

Ingrediente

- 2 tazze di latte dolce

- 2 cucchiaini di amido di mais

- ½ tazza di zucchero

- 3 Tuorli d'uovo

- 3 Albumi

- 2 tazze Birra

Latte bollente. Mescolare la maizena e lo zucchero, aggiungere i tuorli sbattuti e amalgamare bene prima di incorporare lentamente al latte.

In un tegame a parte scottare la birra. Unire al composto di latte. Agli albumi montati aggiungere 1 cucchiaio di zucchero e versare a cucchiaiate sopra la zuppa.

CONCLUSIONE

I meriti della cucina e dell'infusione con la birra vanno ben oltre l'aprirne uno freddo dopo una lunga giornata. Birre di tutte le sfumature possono essere utilizzate anche in cucina...

Vale davvero la pena dedicare tempo e sforzi per abbinare la birra al cibo. Lo stesso principio si applica quando si usa il vino per aggiungere corpo e sapore ai piatti, e la birra è (di solito) più economica del vino. Poiché la birra è così complessa, dovresti usare diverse tonalità e stili per ricette appropriate e questo libro ti ha fornito un'idea per iniziare!

Lightning Source UK Ltd.
Milton Keynes UK
UKHW020729210621
385887UK00005B/171